Dímelo a mí

HOUGHTON MIFFLIN   BOSTON

ISBN-10: 0-547-28848-4
ISBN-13: 978-0-547-28848-2
3456789-0868-15 14 13 12 11 10
4500249610

Contenido

Lorena hace regalos

por Louise Tidd
ilustrado por Anne Sibley O'Brien

A Lorena le gusta usar las cosas que
tiene en su casa para hacer regalos. Lorena
le hace regalos a Mamá, a Papá, a Jerónimo
y a Abuelita. Lorena usa diferentes cosas,
como cintas, papel y un tarro viejo, para
hacer regalos. Lorena espera que a su
familia le gusten los regalos que ella les
hace.

Lorena usa una tira de papel y hace una rosa roja para Mamá. Lorena hace muchas rosas. Les agrega tallos y pone los ramos de rosas en floreros. Ella pone las rosas encima de la mesa. Lorena hace rosas porque a Mamá le gustan las rosas.

En la primavera, Mamá sembrará rosas.
Mamá se asegurará de que las rosas reciban
agua y sol. Mamá estará contenta cuando
crezcan las rosas. Pero por ahora, Mamá
tiene estas rosas de papel.

Lorena hace bocetos y usa pinceles.
Ella pinta un sol grande, hierba, una
bandera de color canela y unos palos de
golf. Lorena los pinta porque a Papá le
gusta jugar al golf.

Cuando la hierba está mojada, Papá no
puede jugar al golf. Papá quisiera jugar,
pero no puede. Ahora, Papá tiene bonitos
dibujos sobre el golf que hizo Lorena, y él
sonríe.

Lorena hace cajas de diferentes tamaños para Jerónimo. Lorena pinta algunas cajas de rojo y algunas cajas del color de barro. Jerónimo las usará como bloques. Lorena hace bloques porque a Jerónimo le gusta jugar con ellos.

Lorena apila las cajas. Jerónimo las
derrumba y eso lo hace sonreír. Luego,
Jerónimo apila las cajas y las derrumba.
Otra sonrisa ilumina su cara.

Lorena prepara panecillos para Abuelita
porque a ella le gustan los panecillos.
Lorena agrega los ingredientes y Mamá los
mezcla. Lorena coloca los panecillos en los
platos.

En ese momento entra Abuelita. Abuelita
come panecillos y habla. Lorena se pone a
escuchar a Abuelita. Luego Abuelita le da
las gracias a Lorena. Lorena sonríe. Está
pensando en el próximo regalo que hará.

Cocinar con Mamá Zorra

por Cesar Perez
ilustrado por Barry Gott

Mamá Zorra es una gran chef. Mamá
Zorra da clases. Mamá Zorra quisiera que
los zorritos tomaran sus clases. Ella espera
que sus clases sean divertidas.

Mimo, Memo, Momo y Mario están
sentados en la clase. Mamá Zorra reparte
cajas con masa y algunas tazas.

—Llenen una taza con masa y pongan
la masa en esos tazones —les dice Mamá
Zorra—. No la dejen caer.

Después, Mamá Zorra les enseña cómo cascar los huevos. Mimo casca un huevo, pero se rompe en su mano. Memo casca un huevo, pero se le cae al suelo. Momo casca un huevo, pero el líquido se le derrama encima. Mario casca un huevo, pero salpica por todas partes. ¡Qué desastre!

Mamá Zorra casca los huevos de los
zorritos.

—¿Qué vamos a hacer? —pregunta Mimo.

—¿Será un sándwich de huevos? ¿Será un
huevo empanado o un panecillo con huevo?
—pregunta Memo.

—Ya verán —les dice Mamá Zorra.

Los zorritos agregan leche y baten la leche, los huevos y la masa hasta que queda esponjosa.

—Agreguen cinco pizcas de sal —les dice Mamá Zorra—, y no se olviden de las especias —agrega Mamá Zorra.

Mamá Zorra vierte la masa esponjosa en la sartén. Cuando Mamá Zorra termina, ella les muestra el plato a los zorritos.

—¡Hicimos panqueques! —grita Memo.

Mamá Zorra coloca los panqueques en
sus platos. Corre a buscar servilletas. Cada
zorrito adorna sus panqueques con uvas.

—Debemos ser muy buenos chefs —dice
Mimo mientras se come un panqueque.

—Tuvimos una buena maestra —agrega
Memo.

—Vamos a tomar otra clase —dice Momo.

—Sí, lo haremos —dice Mario.

Mamá Zorra sonríe al escuchar esto.

Los trenes

por Prima Secunda

¿Dirías que jugar con trenes es divertido?
Muchos niños piensan que jugar con trenes
es divertido. Los niños se la pasan jugando
con trenes sobre rieles largos y angostos.

Mira este tren gris con rayas rojas,
blancas y azules. ¿Te gustaría viajar en este
tren?

Alguien está saludando. Él esperará
hasta que todos suban al tren. Él es quien
da la señal para indicar que el tren puede
seguir con seguridad.

La gente puede viajar en tren para ir a los lugares. Este tren viaja sobre rieles que están cerca del agua.

Alexis y su papá ven las olas blancas romper contra la arena. Pueden ver un pez saltar. Es divertido viajar en este tren.

Los trenes subterráneos viajan sobre
rieles debajo de una gran ciudad. Los trenes
subterráneos hacen paradas y la gente se
sube al tren y se baja del tren. La gente dice
que viajar en los trenes subterráneos es una
forma rápida de llegar a diferentes lugares
en una gran ciudad.

Los trenes pueden viajar sobre rieles
que están en terrenos planos. Los trenes
pueden viajar sobre rieles que están en áreas
montañosas. Este tren puede viajar sobre los
rieles que están en este puente. ¡Qué viaje
tan bonito puede hacer la gente en este tren!

Los trenes cargan a las personas y otras cosas. Este tren llevará estos leños a un lugar muy lejos.

Los trenes nos traen el correo y la comida. Los trenes traen muchas de las cosas que usamos todos los días.

Un tren podría pasar por este lugar. Esta luz roja se enciende cuando un tren está en camino. Cuando esta luz roja se enciende, todos deben detenerse y esperar hasta que el tren pase.

Este tren está en su última parada.
Todos deben bajar del tren.

Este tren esperará y esperará para que
otras personas puedan subirse. Luego este
tren seguirá su ruta.

A esperar

por Tyler Martin
ilustrado por John Nez

A Marta Pérez y a su abuelita les
gusta esperar el correo. Marta y Abuelita
preparan el almuerzo y después esperan el
correo. ¡Marta y Abuelita dicen que es el
mejor momento del día!

Abuelita y Marta se sentaron en su sofá
favorito y se pusieron a esperar. Abuelita y
Marta miraron en el gran reloj. A Abuelita
y a Marta les gusta comprobar si el correo
llega a tiempo. La campana del gran reloj
sonó. ¡DIN!

A la una en punto, el camión del cartero
se detuvo al lado del buzón. El cartero bajó
del camión. Él fue quien abrió el buzón
y echó muchas, muchas cartas dentro del
buzón. Luego se subió al camión y siguió
su ruta.

—Abuelita mía, recibiste el correo hoy
día. ¡Ganamos porque esperamos!
—exclamó Marta.

Marta corrió a buscar el correo y se lo
dio a Abuelita.

—¡No hay cartas! Solo hay catálogos y
anuncios —dijo Abuelita.

—¡Eso no me molesta! —dijo Marta.
¡Marta se había divertido muchísimo
esperando con Abuelita y corriendo a buscar
el correo del buzón!

En ese momento, Abuelita y Marta vieron
el camión del cartero otra vez.

— ¿El correo vino dos veces hoy?
—preguntó Marta.

—Eso es raro —dijo Abuelita.

Esta vez, había una carta para ellas.
Tenía muchos, muchos sellos. Abuelita le dio
la carta a Marta.

—¿Qué dice? —preguntó Abuelita.

—Alexis Pérez está en camino. Esperen
en la parada de trenes a las seis en punto
—dijo Marta. Marta saltó de alegría y le dio
un abrazo y un beso a Abuelita. ¡Esa carta
puso a Marta y a Abuelita muy contentas!

Marta y Abuelita fueron a esperar a
Alexis al paradero. Marta y Abuelita se
recostaron contra una pared y se pusieron a
esperar. Tres trenes pasaron sobre los rieles,
pero no se detuvieron. Abuelita y Marta
esperaron y esperaron y esperaron.

Por fin no tenían que esperar más. A
las seis en punto se detuvo un gran tren con
rayas rojas. Alguien saltó del tren y corrió
hasta Abuelita y Marta.

Alexis le dio a Abuelita, su mamá, un
abrazo grande. ¡Papá le dio a Marta un
abrazo grande también!

Cándida Calvo y sus caracoles

por Anne Miranda
ilustrado por Deborah Colvin Borgo

Este cuento es sobre una oveja llamada
Cándida Calvo. Todos los días, Cándida
iba a la playa y recogía caracoles bajo
las palmeras. Cándida coleccionaba los
caracoles.

A Cándida Calvo le gustaban los
caracoles. A Cándida le gustaba tocarlos.
Los caracoles tenían formas interesantes. A
Cándida le gustaba mirarlos. Los caracoles
con rayitas eran sus favoritos. A Cándida
le gustaba oír el mar cuando colocaba un
caracol grande en su oído.

Todos los días, cuando Cándida regresaba
a su casa, ella empacaba los caracoles en
cajas y las organizaba en filas. Cándida
tenía cajas y cajas y cajas de caracoles
apiladas en su pequeño cobertizo.

La semana pasada, Cándida fue a
buscar un rastrillo en el cobertizo. Cuando
Cándida alargó su pata, casi todas las cajas
de caracoles cayeron fuera del cobertizo.
¡Parecía un mar de caracoles! Cándida
tenía un gran problema. Cándida tenía
demasiados caracoles.

A Cándida le gustaban los caracoles,
pero Cándida no podía quedarse con ellos.
El cobertizo se llenó y los caracoles cayeron
afuera. Eso entristeció a Cándida.

En ese momento, Cándida vio una tienda
en venta en la playa. Eso alegró a Cándida.

Cándida tenía un plan. Cándida la
puso a su tienda El Mundo de los Caracoles.
Cándida hizo lámparas de caracoles.
Cándida hizo marcos de caracoles. Cándida
hizo imanes y lápices de caracoles.

Cándida puso un anuncio en el periódico.
Decía: "Compre caracoles de Cándida Calvo.
Los caracoles de Cándida Calvo no son caros.
¡Reciba uno gratis con cada visita!"

Muchas y muchas ovejas vinieron desde
la ciudad a ver a Cándida. A esas ovejas les
gustaban los caracoles también. Cándida
les dio a las ovejas un caracol gratis cada
vez que venían a la tienda. Eso alegró a las
ovejas. Eso alegró a Cándida también.

Coral ve el mundo entero

por Saturnino Romay

ilustrado por Fian Arroyo

Este cuento es sobre una foca llamada
Coral. Como todas las focas, Coral se la
pasaba nadando en el inmenso mar. Coral
podía nadar rápidamente y sumergirse muy
profundo en el agua.

41

Coral soñaba con ver tierras lejanas.
Coral soñaba con ver el mundo entero, ¡pero
no sabía en qué dirección nadar para ver el
mundo!

Un día, Coral vio a una gaviota que se batallaba en el agua. Agitaba y agitaba sus alas, pero no podía despegar. Coral se zambulló y nadó a toda prisa hasta la gaviota.

Coral ayudó a la gaviota a regresar a la
playa.

—Quédate conmigo. No te agites.
Descansa hasta que te sientas mejor —dijo
Coral.

—Gracias. Yo soy Gavi —dijo la gaviota.

—Yo soy Coral —dijo la foca.

Gavi necesitaba comer y dormir. Coral
preparó una gran cena para Gavi. Gavi se
comió casi toda la comida y luego se acostó a
dormir en un lugar cómodo y seguro.

Al día siguiente, Coral se la pasó hablando con Gavi. Gavi había visto el mundo entero. Tenía muchos, muchos cuentos.

Sus cuentos le recordaron a Coral su deseo. Le pidió a Gavi que lo ayudara a visitar a lugares lejanos.

Coral y Gavi planificaron un largo viaje
a lugares lejanos donde había árboles verdes,
pasto verde y playas con arena blanca.

Con el tiempo, Gavi se sintió mejor y sus
alas se fortalecieron. Era hora de que Coral
saliera con Gavi.

Coral se sumergió en el inmenso mar.
Nadaba detrás mientras Gavi iba delante.
Coral y Gavi fueron a lugares lejanos.
Finalmente, el sueño de Coral se hizo
realidad. ¡Coral vio el mundo entero con
su amigo!

Carlos Cabrito y Cristina Cuervo

por Chenile Evans
ilustrado por Lorinda Bryan Cauley

El viento se sentía muy frío. La nieve blanca cubría el pasto y las piedras. A Carlos Cabrito no le gustaba ni el frío ni la nieve. No se sentía cálido aunque llevaba un abrigo.

—Me gustaría comer avena caliente —dijo Carlos.

49

Carlos Cabrito corrió al cobertizo donde
guardaba la harina de avena. Carlos no
pudo llenar su tazón de harina. Tenía que
comprar más harina en el Almacén de
Avena.

Él no quería salir en un día tan frío.

Carlos Cabrito metió el pelaje largo que
cubría su cabeza en su gorro amarillo. Se
puso su abrigo verde y sus manoplas rojas.
Luego comenzó a caminar. Había tanta
nieve en el suelo que no podía ver el camino.
Carlos fue hacia la izquierda, pero debía
haber ido en la dirección contraria.

Carlos Cabrito había cometido un error.
Él siguió y siguió caminando en la nieve. Él
llegó a una gran arboleda. No sabía adónde
ir. Comenzó a sentir frío. Carlos deseaba
haberse quedado en su casa.

En ese momento, Carlos vio a su amiga
Cristina Cuervo.

—¿Puedes ayudarme a llegar al Almacén
de Avena? —le preguntó Carlos.

—Sí, pero tienes que prepararme unos
panqueques de avena —dijo Cristina, y le
guiñó el ojo.

Carlos sonrió y asintió con su cabeza.

Cristina Cuervo agitó sus alas y comenzó
a volar rápidamente.

—¡Me estoy quedando atrás! —gritó
Carlos Cabrito—. Esta nieve me hace lento.

Cristina regresó.

—Estamos cerca. Sígueme —dijo Cristina.

Carlos Cabrito se sintió alegre al entrar al Almacén de Avena. Este estaba cálido y agradable.

Carmen Cabrito le vendió tres sacos de harina de avena. Carlos pagó por ellos frente al mostrador. Luego, Carlos Cabrito y Cristina Cuervo se fueron a preparar sus panqueques de avena.

Carlos Cabrito le preparó a Cristina
Cuervo una gran pila de panqueques de
avena. Él y Cristina se comieron un montón
de panqueques.

Carlos Cabrito le dio las gracias a
Cristina Cuervo, una y otra vez.

Los insectos y el lodo

por Tyler Martin

ilustrado por Dominic Catalano

Francisco y Grisela eran insectos
amarillos con rayas negras. Pero no lo
podrías saber. Francisco y Grisela habían
terminado de jugar en el lodo. ¡Estaban
cubiertos de lodo!

Francisco tenía terrones de lodo en sus
patas. Grisela tenía terrones de lodo en su
espalda y sus patas. Aunque les gustaba
jugar en el lodo, los dos eran muy pulcros.
¡Ambos necesitaban un baño, pero rápido!

Los insectos encontraron un lugar
tranquilo y bonito donde había una gran
bañera verde. Las burbujas eran verdes y
olían a rosas. ¡Darse un baño en esa agua
cálida sería increíble!

—Antes de meternos, debemos comprobar si los insectos cubiertos de lodo pueden flotar —dijo Grisela.

—¡Para nada! ¡Yo voy a meterme! Los insectos siempre flotan —dijo Francisco. Él se tiró al agua, pero no flotó en la superficie como siempre ocurría. Francisco tuvo que dar patadas para mantenerse a flote.

Grisela siguió a Francisco. Ella no flotó
en la superficie como siempre ocurría. Tuvo
que dar patadas y patadas para mantenerse
a flote también.

—¡Te lo dije! Los insectos cubiertos de
lodo no pueden flotar. Vamos a hundirnos si
no encontramos ayuda —dijo Grisela.

—¡Socorro! Necesitamos ayuda. ¡Grisela no puede flotar! —gritó Francisco.

—¡Francisco tampoco! —gritó Grisela.

—¡Esperen un momento! Voy al rescate —dijo una cerdita rosada con un largo pelaje rubio. Ella llevaba en su mano una barra de jabón.

—Voy a poner la barra de jabón en la
bañera. Va a flotar. ¡Agarren la barra y
súbanse a ella! —les dijo.

La barra de jabón cayó al agua, "plaf" y
aterrizó frente a Francisco. Flotaba como un
bote. Francisco se subió y ayudó a Grisela a
subirse al bote de jabón.

Ambos insectos les dieron las gracias a la cerdita, una y otra vez. Francisco y Grisela regresaron a casa sanos, salvos y limpios, ¡gracias a la cerdita con la barrita mágica!

¿Qué dice?

por Suzanne Martinucci

Esta señal hizo que te detuvieras, ¿no?
Debes prestar atención cuando caminas
por la calle. Si ves esta señal, ¡detente! No
cruces la calle hasta que puedas cruzar con
seguridad. Un adulto te dirá cuándo debes
cruzar.

¿Qué ocurrió? Claudio quería decirle algo a Abuelita. Su hermano Pablo lo ayudó a escribirle una carta. Claudio echó la carta en el buzón. Cuando Abuelita la lea, se sentirá contenta al saber que Pablo y Claudio la aman. Entonces Abuelita les escribirá.

¡Vanesa puede enviar una carta sin usar un buzón! Vanesa envía una carta con la computadora de su papá. Mamá y Papá ayudan a Vanesa a escribirle a Abuelito a través de la computadora. Luego, Vanesa hace clic en "Enviar". ¡Su carta, así como la foto de su familia, tomará nada en llegar!

Para Abuelita y Abuelito es un placer
hablar por teléfono con su nieta Claudia,
cada semana. Esta semana, Claudia
comenzó el segundo grado. Ella les cuenta
a Abuelita y a Abuelito sobre su salón de
clases y sus amigos.

Este hombre habla como tú hablas, pero él usa sus manos también. En esta jugada, alguien se desliza en segunda base. Este hombre usa sus manos para indicar que el hombre que se deslizó es *safe*.

Gema y su mamá no pueden oír. Ellas usan sus manos para hablar. Gema ve lo que Mamá dice con sus manos. Cada forma que Mamá hace con sus manos tiene un significado. Mamá le pregunta a Gema si se divirtió en el campamento. Gema le dice que aprendió a zambullirse.

¿Puedes leer estos puntos elevados?
Puede que no, pero alguien que no puede ver
puede leer estos puntos elevados al tocarlos.
Se usan estos puntos elevados para escribir.
Las personas que no pueden ver pueden leer
este tipo de escritura. Cada grupo de puntos
elevados tiene un significado.

Puedes encontrar información en un glosario. Pero muchas otras cosas nos dan información también. El amanecer y la puesta del sol nos dicen que el día ha comenzado o terminado. El arco iris nunca habla, pero el arco iris nos dice que ha parado de llover.

En la arboleda

por Anne Miranda
ilustrado por Diane Magnuson

Abuelito tenía una bella arboleda de castaños en su terreno. Finalmente llegó la hora de recoger las castañas. Así que Abuelito invitó a sus nietos a recoger y tostar las castañas maduras.

Sus nietos Pablo y Claudio vinieron a
ayudarlo. A Pablo le gustaban las plantas,
pero Claudio prefería los animales. A
Claudio le gustaba cazar insectos, no
recoger castañas. ¡Pablo estaba ansioso
por comenzar! Claudio hubiera preferido
quedarse en casa.

—Cuando las castañas maduran, las
vainas se caen. El problema es que las
vainas de las castañas tienen espinas.
Nunca recojan las castañas con las manos.
Usen pinzas —les ordenó Abuelito, mientras
le daba un cubo grande y unas pinzas a
cada uno.

—¡Presten mucha atención! El viejo sapo
vive cerca —dijo Abuelito.

—¿El viejo sapo? —preguntó Claudio.

—Puede que lo encuentren debajo de unas
vainas. ¡Él es grandote! —dijo Abuelito.

Claudio comenzó a recoger vainas y
ponerlas en su cubo. Buscaba al viejo
sapo. Después de llenar su cubo, Claudio
vio un hoyo negro y grande. Él miró
dentro rápidamente. Luego ocurrió algo
sorprendente. ¡El viejo sapo se asomó!

Claudio miró al viejo sapo. Claudio
no tenía miedo. Pablo y Abuelito llegaron
corriendo para ver al viejo sapo.

—¡Qué sapo fantástico! —dijo Pablo.

—¿Puedo recogerlo? —preguntó Claudio.

—No, el viejo sapo puede observarnos
hasta que terminemos de tostar estas
castañas —dijo Abuelito—. Después puede
meterse de nuevo en su hoyo.

Abuelito, Pablo y Claudio caminaban
con cuidado en el área donde estaba el viejo
sapo.

Abuelito abrió las vainas. Cada vaina
contenía varias castañas. Algunas castañas
parecían globitos marrones. Abuelito hizo
pequeñas rajas en cada castaña. Luego
encendió su estufa.

Pablo y Claudio se sentaron y esperaron
con el viejo sapo. Los tres amigos
observaban a Abuelito.

El olor a castañas tostadas llenó la
arboleda. Abuelito, Pablo y Claudio
comieron castañas calientes. Luego, Claudio
vio al viejo sapo meterse de nuevo en su
hoyo. Después de todo, Claudio había tenido
un día divertido.

Listas de palabras

Para usar con
Clic, clic, muu:
Vacas que escriben a máquina

SEMANA 1

Lorena hace regalos

página 1

Palabras decodificables

Destreza clave: *Sílabas abiertas con r media y rr*

ahora, asegurará, bandera, barro, cara, derrumba, espera, estará, florero, Jerónimo, Lorena, para, prepara, primavera, quisiera, tarro, tira, usará

Palabras con destrezas enseñadas anteriormente

agua, apila, bocetos, bonitos, cajas, canela, coloca, color, come, contenta, cosas, cuando, dibuja, eso, familia, gusta, ilumina, mamá, mojada, momento, palos, panecillos, papá, papel, pensando, pinta, pone, próximo, ramos, regalo, regalos, roja, rosa, sol, tallos, tamaños, tiene, usa, viejo

Palabras de uso frecuente

Nuevas

algunas, escuchar, otra

Enseñadas anteriormente

a, al, con, de, del, dibujos, él, ella, ellos, en, está, gusta, hacer, jugar, la, las, le, los, mesa, muchas, no, pero, por, porque, un, y

Para usar con
Clic, clic, muu:
Vacas que escriben a máquina

SEMANA 1

Cocinar con Mamá Zorra

página 9

Palabras decodificables
Destreza clave: *Sílabas abiertas con r media y rr*
corre, derrama, espera, Mario, pero, quisiera, será, tomaran, verán, Zorra, zorritos

Palabras con destrezas enseñadas anteriormente
baten, buscar, cada, cajas, casca, clase, coloca, come, divertidas, empanado, enseña, esponjosa, hasta, leche, líquido, llenen, mamá, mano, masa, Memo, Mimo, Momo, panecillo, pregunta, queda, reparte, rompe, salpica, sentados, servilletas, taza, tazas, termina, todas, tuvimos

Palabras de uso frecuente
Nuevas
algunas, escuchar, otra

Enseñadas anteriormente
cómo, con, dice, ella, en, encima, es, están, hacer, la, las, los, muy, no, por, qué, tomar, un, una, y

82

SEMANA 2

Los trenes

página 17

Palabras decodificables
Destreza clave: *Sílabas cerradas con r, s,*
z y x
Alexis, angostos, áreas, azules, blancas,
cargan, cosas, detenerse, días, dirías,
divertido, es, esperar, esperará, este,
estos, forma, gris, hasta, indicar, ir,
jugar, largos, lejos, leños, llegar, lugares,
luz, montañosas, muchos, niños, nos,
olas, otras, personas, pez, planos, rayas,
rieles, rojas, romper, seguir, subirse,
subterráneos, terrenos, todos, trenes,
usamos, ver, viajar

Palabras con destrezas enseñadas anteriormente
baja, bonito, camino, cerca, comida,
correo, debajo, deben, divertido,
enciende, gustaría, jugando, llevará,
papá, parada, pasan, pase, puede,
puente, rápida, roja, ruta, saludando,
seguridad, sobre, suban, sube, última

Palabras de uso frecuente
Nuevas
con, contra, quien

Enseñadas anteriormente
a, al, cerca, del, el, él, esta,
está, gente, la, las, los, mira,
para, puede, qué, también,
un, una, y

A esperar

página 25

Palabras decodificables
Destreza clave: *Sílabas cerradas con r, s,
z y x*
Alexis, almuerzo, anuncios, buscar,
buzón, carta, cartas, cartero, contentas,
después, divertido, dos, es, esperan,
esperando, esperar, esta, exclamó,
gusta, hasta, les, Marta, mejor, molesta,
muchas, muchos, Pérez, por, postal,
pusieron, rayas, recibiste, rieles, rojas,
seis, sellos, trenes, tres, veces, vez

Palabras con destrezas enseñadas anteriormente
abrazo, abuelita, bajó, beso, camino,
camión, campana, cátalogos, correo,
corriendo, corrió, detuvieron, detuvo,
dicen, dijo, dio, echó, favorito, gusta,
lado, llega, mamá, miraron, momento,
muchísimo, papá, parada, pasaron,
preguntó, punto, raro, recostaron, ruta,
saltó, sobre, sofá, solo, sonó, subió,
tiempo, vino

Palabras de uso frecuente
Nuevas
con, contra, quien

Enseñadas anteriormente
a, al, del, día, el, él, en, está,
hay, hoy, la, las, le, les, los,
muy, no, pero, porque, qué,
una, y

SEMANA 3

Cándida Calvo y sus caracoles

página 33

Palabras decodificables

Destreza clave: *Sílabas cerradas con l, m, n y d*

anuncio, Calvo, Cándida, caracol, cayeron, ciudad, coleccionaba, compre, empacaba, entristeció, eran, gran, grande, gustaban, imanes, interesantes, lámparas, momento, palmeras, plan, son, también, tenían, tienda, venían, venta, vinieron

Palabras con destrezas enseñadas anteriormente

alargó, apiladas, bajo, buscar, cada, cajas, caracoles, caros, casa, cobertizo, demasiados, desde, días, ella, ellos, esas, este, favoritos, filas, formas, gratis, lápices, llamada, llenó, mar, marcos, mirarlos, muchas, organizaba, oveja, pasada, pata, periódico, playa, problema, puso, quedarse, rastrillo, rayitas, reciba, recogía, regresaba, semana, sus, tocarlos, todas, todos, vez, vio, visita

Palabras de uso frecuente

Nuevas
casi, cuento, mundo

Enseñadas anteriormente
a, con, cuando, de, del, el, en, es, hizo, la, las, le, los, no, pero, podía, un, una, y

Coral ve el mundo entero

página 41

Palabras decodificables
Destreza clave: *Sílabas cerradas con l, m, n y d*

blanca, conmigo, Coral, cuentos, delante, descansa, dirección, donde, entero, finalmente, fortalecieron, fueron, gran, hablando, inmenso, mientras, nadando, planificaron, profundo, rápidamente, realidad, recordaron, sientas, siguiente, sintió, tiempo, zambulló

Palabras con destrezas enseñadas anteriormente
acostó, agitaba, agites, agua, alas, amigo, árboles, arena, ayudara, ayudó, batallaba, cena, comer, comida, comió, como, cómodo, deseo, despegar, dijo, dormir, este, foca, focas, Gavi, gaviota, gracias, hasta, largo, lejanos, llamada, llegar, lugar, lugares, mejor, nadaba, nadar, nadó, necesitaba, pasaba, pasó, pidió, playas, preparó, prisa, quédate, sabía, seguro, soñaba, sueño, sumergió, sumergirse, tenía, toda, todas, verde, verdes, viaje, vio, visto

Palabras de uso frecuente
Nuevas
casi, cuento, mundo

Enseñadas anteriormente
a, con, día, el, en, era, es, la, las, muy, no, para, pero, podía, qué, soy, un, una, ver, y, yo

SEMANA 4

Carlos Cabrito y Cristina Cuervo   página 49

Palabras decodificables
Destreza clave: *Grupos de consonantes con r*
abrigo, agradable, alegre, atrás, Cabrito, comprar, Cristina, cubría, entrar, frío, gracias, grama, gran, gritó, mostrador, otra, piedras, preguntó, preparar, prepararme, preparó, regresó, tres

Palabras con destrezas enseñadas anteriormente
adónde, agitó, alas, amarillo, amiga, arboleda, asintió, aunque, avena, ayudarme, blanca, cabeza, caliente, caminando, caminar, camino, casa, cobertizo, comenzó, comerme, cometido, comieron, contraria, corrió, cuervo, deseaba, dijo, dirección, donde, ellos, error, estamos, fueron, gorro, guiñó, gustaba, gustaría, hace, harina, ir, izquierda, largo, lento, llegar, llegó, llenar, llevaba, luego, me, metió, manoplas, momento, montón, ni, nieve, pagó, panqueques, pila, pudo, puedes, puso, quedado, quedando, rápidamente, rojos, sacos, salir, sentía, sentir, sígueme, siguió, sintió, sonrió, suelo, tan, tanta, tazón, tenía, tienes, tomado, tomó, vendió, verde, viento, volar

Palabras de uso frecuente
Nuevas
cálido, frente, pelaje

Enseñadas anteriormente
a, al, con, de, día, el, él, en, estoy, la, las, le, más, muy, no, ojo, otra, pero, podía, por, un, una, ver, y

87

Los insectos y el lodo

página 57

Palabras decodificables

Destreza clave: *Grupos de consonantes con r*

comprobar, encontramos, encontraron, Francisco, gracias, gran, Grisela, gritó, increíble, negras, otra, podrías, pulcros, siempre, tranquilo

Palabras con destrezas enseñadas anteriormente

agarren, agua, amarillos, ambos, antes, aterrizó, aunque, ayuda, ayudó, bañera, baño, barra, bonito, bote, casa, cayó, cerdita, como, cubiertos, dar, darse, debemos, desolado, dieron, dije, donde, eran, espalda, esperen, estaban, flotan, flotar, flotó, gustaba, habían, hundirnos, insectos, jabón, jugar, limpios, llevaba, lodo, lugar, mágica, mano, mantenerse, meterme, meternos, momento, nada, necesitaban, necesitamos, olían, patadas, patas, poner, puede, pueden, rápido, rayas, regresaron, rescate, rosas, rubio, saber, salvos, sanos, siguió, socorro, súbanse, subió, subirse, superficie, sus, tampoco, tentador, terminado, terrones, tiró, tuvo, va, verde, verdes, vez

Palabras de uso frecuente

Nuevas

cálido, frente, pelaje

Enseñadas anteriormente

a, al, con, de, el, él, ella, en, era, los, muy, no, para, pero, un, una, voy, y, yo

¿Qué dice?

página 65

Palabras decodificables

Destreza clave: *Grupos de consonantes con l*

clases, Claudia, Claudio, clic, glosario, habla, hablar, hablas, Pablo, placer, zambullirse

Palabras con destrezas enseñadas anteriormente

a través, abuelita, abuelito, adulto, algo, alguien, aman, amanecer, amigos, aprendió, arco, así, ayudan, ayudó, base, buzón, cada, calle, caminas, campamento, carta, comenzado, como, computadora, contenta, cosas, cruces, cruzar, cuenta, dan, debes, decirle, desliza, detente, detuvieras, dicen, dirá, divirtió, echó, elevados, ellas, encontrar, entonces, enviar, escribir, escribirá, escribirle, escritura, estos, forma, foto, Gema, grado, grupo, habla, hace, hermano, hizo, hombre, indicar, información, iris, jugada, lea, leer, les, llegar, llover, luego, mamá, manos, muchas, nada, nieta, nos, otras, papá, parado, personas, pregunta, prestar, puedas, puede, pueden, puesta, puntos, quería, quieto, saber, salón, segunda, segundo, seguridad, semana, sentirá, señal, significado, sin, sobre, sol, sus, teléfono, terminado, tiene, tipo, tocarlos, tomará, usa, usar, Vanesa, ves

Palabras de uso frecuente

Nuevas

atención, nunca, ocurrió

Enseñadas anteriormente

a, al, con, cuando, de, día, dice, el, él, en, esta, este, familia, la, le, no, para, pero, por, qué, también, tú, un, una, y

En la arboleda

Palabras decodificables

Destreza clave: *Grupos de consonantes con l*

Claudio, globitos, Pablo, plantas, problema

Palabras con destrezas enseñadas anteriormente

abrió, abuelito, algo, amigos, ansioso, arboleda, área, asomó, ayudarlo, bella, buscaba, cada, caen, calientes, caminaban, casa, castaños, cazar, comenzar, comenzó, comieron, contenía, corriendo, cubo, cuidado, daba, debajo, dentro, después, divertido, donde, encendió, encuentren, esperaron, espinas, estaba, estufa, fantástico, finalmente, grande, grandote, gustaba, gustaban, hoyo, insectos, invitó, les, llegaron, llegó, llenar, llenó, luego, maduran, maduras, manos, marrones, meterse, mientras, miró, mucha, negro, nietos, nuevo, observaban, observarnos, olor, ordenó, parecen, parecían, pequeñas, pinzas, ponerlas, prefería, preferido, preguntó, presten, puede, quedarse, rajas, rápidamente, recoger, recojan, sapo, sentaron, sorprendente, sostenerlo, tenía, tenido, terminemos, terreno, tienen, tostar, uno, usen, vainas, viejo, vinieron, vio, vive

Palabras de uso frecuente

Nuevas

atención, nunca, ocurrió

Enseñadas anteriormente

a, al, algunas, animales, cerca, con, de, día, dijo, el, él, en, es, la, las, los, miedo, no, para, pero, por, qué, un, una, ver, y